¡HOMBRE MOSCA CONOCE A CHICA MOSCA!

Tedd Arnold

P9-CBQ-296

SCHOLASTIC INC.
New York   Toronto   London   Auckland
Sydney   Mexico City   New Delhi   Hong Kong

A Elizabeth (¡Lizzz!) y Cortney
—T.A.

Originally published in English as *Fly Guy Meets Fly Girl!*
Translated by Juan Pablo Lombana

ISBN 978-0-545-38499-5

12 11 10 9 8 7 6 5 4 3   12 13 14 15 16 17/0

Printed in the U.S.A.   40
First Spanish printing, January 2012

Un niño tenía una mosca de mascota.
La mosca se llamaba Hombre Mosca.
Hombre Mosca podía decir
el apodo del niño:

¡BUZZ!

Capítulo 1

Un día, Buzz y Hombre
Mosca estaban aburridos.
Hombre Mosca dijo:

—Sí —dijo Buzz—.
Vamos a pasarlo bien.

Buzz y Hombre Mosca
se fueron a caminar.

Jugaron al corre que te pillo.

Se refrescaron
en la fuente.

Una chica apareció corriendo.
La seguía una mosca.

—No te preocupes —dijo Buzz—.
Las moscas no son latosas. Son
mascotas.

—Lo sé —dijo la chica—.

Esta es mi mascota.

Se llama Chica Mosca.

Capítulo 2

—Este es Hombre Mosca —dijo Buzz—. Él sabe hacer piruetas.

—¡Chica Mosca también sabe
hacer piruetas! —dijo la chica.

—Hombre Mosca come cosas
podridas —dijo Buzz.

—¡Chica Mosca come cosas
más podridas! —dijo la chica.

—Hombre Mosca puede decir
mi nombre —dijo Buzz.

—¡Chica Mosca puede decir el mío!
—dijo la chica.

—¿Vamos a columpiarnos?

—preguntó Buzz.

—Sí, vamos —dijo Liz.

<u>Capítulo 3</u>

Hombre Mosca y Chica Mosca
se sentaron uno al lado del otro.

Hombre Mosca dijo:

Eso quiere decir "Eres linda" en el idioma de las moscas.

Chica Mosca dijo:

Eso quiere decir "Eres lindo
también" en el idioma de las moscas.

Hombre Mosca y Chica Mosca
hablaron y hablaron.

BZUU
BZUU

BZUUI
BZUA

BZUI
BZUU

BZUA
BZUU

BZUI
BZUA

BZUU
BZUU

Entonces, Hombre Mosca dijo:

¿BUZZZ?

Y Chica Mosca dijo:

¿LIZZZ?

Hombre Mosca y Chica Mosca dijeron:

Eso quiere decir "Seamos amigos"
en el idioma de las moscas.

—Hasta luego

—dijeron Buzz y Liz.

—Sí —dijo Buzz—.

Lo pasamos muy bien.